ammann

Thomas Hürlimann

Das Einsiedler Welttheater

Nach Calderón de la Barca

Ammann Verlag

© 2000 by Ammann Verlag & Co., Zürich
Alle Rechte vorbehalten
Gestaltung: Wolfsfeld
ISBN 3-250-10424-8

Insbesondere das Recht der Aufführung durch Berufs- und Laienbühnen, des öffentlichen Vortrags, der Verfilmung und Übertragung durch Rundfunk und Fernsehen, auch einzelner Abschnitte, der Veröffentlichung in gedruckter Form, der Verbreitung in digitalisierter und aller jetzt noch nicht bekannter Formen durch elektronische Medien (Internet etc.).

Das Recht der Aufführung, Sendung oder Veröffentlichung im Internet ist ausschliesslich vom Verlag zu erwerben:
Ammann Verlag & Co., Neptunstrasse 20, Postfach, CH-8032 Zürich.
Tel. +41-1-268 10 40. Fax +41-1-268 10 50. E-Mail: info@ammann.ch
Homepage: http://www.ammann.ch

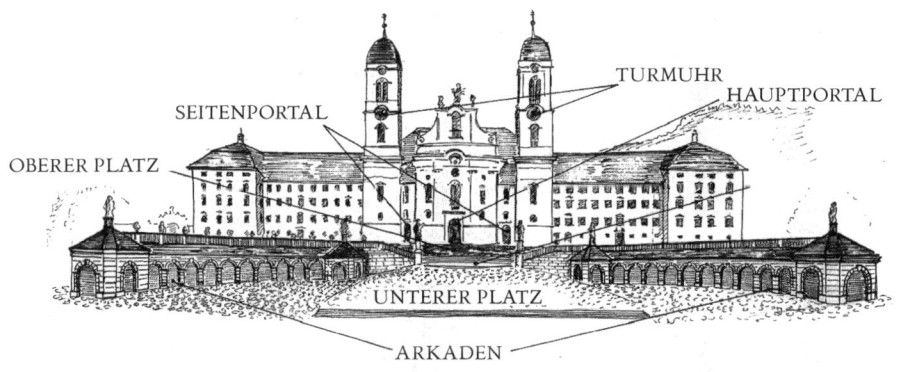

Anlage des Spielplatzes in Einsiedeln, gezeichnet von Hanspeter James Kälin

I

DIE ERSTE VIERTELSTUNDE

Die Verteilung der Rollen

Die Turmuhr schlägt Viertel vor neun.
Glockenläuten setzt ein, das Portal der Klosterkirche öffnet sich, und allerlei Wesen und Gestalten quellen auf den Platz hinaus – ein Alpha, Heilige, Blumen, Atome, Engel, Ungeheuer aus Feuer und Luft, aus Wasser und Erde, ein Phönix, ein Pelikan, das Ewige Werden, die drei Weltalter, das Schriftgesetz, ein Omega sowie Figuren aus der Klosterkirche, herabgestiegen aus Asams Gemälden, und zum Schluss, el Autor, in Maske und Gestalt von Don Pedro Calderón de la Barca; Männer- und Weiberhimmel sowie Pater Secretarius begleiten ihn. Calderón spricht die ersten Sätze aus dem spanischen Original.

AUTOR »Hermosa compostura
de esa varia inferior arquitectura,
que entre sombras y lejos
a esta celeste usurpas los reflejos.«

WEIBERHIMMEL/MÄNNERHIMMEL
   Herrlich, sagt der Dichter, sei der Ort
   Die elegante Platzstruktur
   Die Schatten dort
   Die himmlische Natur
   Der stolze Klosterstein
   Uralte Bilder, Asams Figuren
   Und wir, Don Pedro Calderóns Gestalten
   Seine Phantasie, sein Geist und dessen Schranzen
   Das ergibt auf diesen grauen Fluren
   Einen kleinen Widerschein

TUTTI Vom grossen Ganzen.

AUTOR El manto de estrellas!

PATER SECRETARIUS Schnell den Sternenmantel!

AUTOR Y potencias en el sombrero!

PATER SECRETARIUS Den Strahlenhut!

WEIBERHIMMEL/MÄNNERHIMMEL
   Don Pedro Calderón de la Barca
   Ein Mann von Format
   Heute Priester, früher Soldat
   Kann die Verse, die ihm entfliessen
   Nur in Massen geniessen.
   Zum Publikum.
   Ihr seid ihm ein Graus

Und wonach sehnt er sich?
Nach eurem Applaus!

AUTOR *mit Sternenmantel und Strahlenhut, klopft seinen Stab auf den Boden.*
Sale el mundo!

PATER SECRETARIUS Auftritt die Welt!

TUTTI Die Welt!

PATER SECRETARIUS El mundo!

Auftritt der Tod.

WEIBERHIMMEL Huh, perverso!
Unser Dichter rief die Welt –
Und *der* tritt vor?
Ein Monstruo diverso!

TOD »¿Quién me llama?«

PATER SECRETARIUS
Wer dich rief?
Nicht Calderón
Nicht wir –

TUTTI Verschwinde!

MÄNNERHIMMEL Niemand rief ihn – stimmt!
    Das ist der Lauf der Welt
    Barockes Drama
    Jedes Werden
    Ist ein Sterben

TOD »¿Quién me llama?«

WEIBERHIMMEL Ja, doch rundrundrund
    Kreist dort der Zeiger
    Kreist das Jahr
    Es kreist die Stund
    Was Sterben war
    Will wieder werden
    Welt, bist du bereit?

Auftritt el Mundo, ein weiblicher Hanswurst.

MUNDO Guete n Abig mitenand!
    Zum Autor.
    Ier händ mi bstellt?

WEIBERHIMMEL/MÄNNERHIMMEL
    Zum grossen Welttheater.

MUNDO Was wird do verzellt?

MÄNNERHIMMEL Analogia.

MUNDO Hä?

MÄNNERHIMMEL Wir sind ein grosses WIE.

MUNDO Was wie?

MÄNNERHIMMEL Wie Er, der Herr
    Das Universum schreibt
    Schreibt Calderón
    Sein gran teatro mundial.

MUNDO Das kommt mir spanisch vor
    Und zwar total!
    Er schrybt au mich?!

WEIBERHIMMEL Mit deinen Brüsten, deinem Bauch!
    Jawohl, dich schreibt er auch.

MUNDO Hi hi, ich bi
    Doch wien i by
    E schöni feissi Underdörfleri.

MÄNNERHIMMEL Die Welt gibt's nur global.

MUNDO Die Welt gibt's nur konkret
    Herr Oberlehrer und Prophet!
    Ja lueg mi aa:
    Als Wält us üsem Dorf
    Us üsem Tal
    Träg ich im fette Ranze
    Öppe zimli all Problem
    Vom grosse Ganze.

Bruuchsch mi so
So chasch mi ha
Wenn nid: und tschüss!
Du hesch mi gha.

PATER SECRETARIUS Er schweigt, der grosse Don.

MUNDO Und grinset über beidi Ohre!

Tutti singen

   ICH BI D WÄLT

Ich bi d Wält
Und hie gebore

Hie im Dorf
Und hie im Tal
Isch üsi Wält
Total global
Olé olé olé

Mit tuusig Requisite
Alte Lümpe nüüe Sitte
Mit mym ganze Apparat
Bin ich zum Spiel parat

Isch sie zum Spiel parat
Olé olé olé

PATER SECRETARIUS So weit, so gut.
   Die Szene ist vorhanden.
   Doch wo bleiben,
   Autor mio soberano, die Probanden?

WEIBERHIMMEL/MÄNNERHIMMEL
   Ja, wo sind die Rollen
   Die das Welttheater spielen sollen?

AUTOR *stösst den Stab auf den Boden.*
   Personas!

PATER SECRETARIUS Personen!

AUTOR Papeles!

TUTTI Rollen!

Tod führt sieben Rollen vor die Stufen.

MUNDO Todo el Tablado
   Alles chönnd er ha do
   Chönnd er nutze
   Chönnds verputze
   Chleider Fätze Hudle
   Chrone und Kapuze!

AUTOR »Haz tú el Rey.«

PATER SECRETARIUS Spiel du den König.

MUNDO Natürli in demokratischer Form!
    Die Krone grau
    De Aazug au
    Entspricht perfekt der Norm
    Wie seine weisse Weste
    Und was drunder isch –
    Mier wänds nid wüsse.

REY Nur es suubers Gwüsse
    Nur e reini Seel
    Ich schwörs mit dieser Hand:
    Bin ohne jeden Fehl
    Ganz Mitte‑demokratisch
    Muttersprache‑Vaterland
    Struktur‑global‑sympathisch.

AUTOR »La dama, que es la hermosura humana, tú.«

PATER SECRETARIUS Du spielst die Dame
    Die Schönste aller Frauen!

HERMOSURA Ist das wahr?

MUNDO En Lippestift
    Und blondi Haar
    En Hochsigschleier
    Maiebänder
    Stöcklischueh
    Und tüüri Gwänder
    Chaschs verrisse
    Chaschs versudle!

AUTOR »Haz tú al rico!«

PATER SECRETARIUS Du spielst den Reichen!

MUNDO Gäld zum Bschiisse
    Chlotz zum Chlotze
    Sekt und Wysse
    Protz zum Protze!

RICO Protzen? Nein
    Frau Welt, das muss
    Ganz anders laufen!
    Küsst ihr die Hand.

PATER SECRETARIUS Don, er gibt ihr einen Kuss!

RICO Ich will verkaufen
    Will nicht raffen
    Bauen will ich, schaffen
    Stets im Dienst vom Kapital
    Bin ich von allen Taffen
    Klar der taffste Typ im Tal.

AUTOR »Tú has de hacer al labrador.«

PATER SECRETARIUS Du spielst den Bauern.

MUNDO Bäse Göggs und Lümpe
    Cervelats und Rösslistümpe
    Muul und Chlauesüüchi
    Fertig isch die Vogelschüüchi!

LABRADOR Furt, ihr främde Vögel
    Wäg da vo mym Bode
    Wäg vo dere Saat
    Ich bi de Puur
    Mier ghört das Tal
    Mier ghört de Staat.

MUNDO Das war einmal.

AUTOR »Tú la discreción harás.«

PATER SECRETARIUS
    Du spielst die Kunst der Unterscheidung.

DISCRECIÓN Wie soll ich das verstehen?

MÄNNERHIMMEL Wie? Du weisst Bescheid
    Du fragst sehr viel
    Du stellst die Frage
    Nach dem Sinn
    Und nach dem Ziel.

DISCRECIÓN Da frag ich gleich
    Warum gerade ich?

MUNDO Gang zerscht is Spiel.

DISCRECIÓN Womit? Das nimmt
    Mich wirklich wunder:
    Was erhalte ich
    Aus deinem Requisitenplunder?

Mundo Heb dy Chlappe!

Männerhimmel Trag die Kappe
    Die dir Geist
    Und Zweifel
    Um die Stirne schweisst.

Discreción Dann lieber oben ohne!

Mundo Umgekehrt
    Lauft üse Handel!
    D Wält git dir
    Dyn Huet und s Gwandel.

Discreción *zum Tod.*
    Wer ist er?

Tod Man mag mich nicht so sehr.

Autor »Haz tú al miseria.«

Pater Secretarius Du spielst die Elende.

Miseria Die Elende! die Arme!
    Dass sich Gott erbarme!

Discreción Sie allein
    Muss arm und elend sein?
    Warum?

MÄNNERHIMMEL Warum? Es ist
    Wies ist. Du bist
    Wie ers entschieden.

PATER SECRETARIUS Spiel, und sei zufrieden!

DISCRECIÓN *zu Miseria.*
    Nein, verweigere den Part!

MUNDO Si isch scho dry
    Bindet ihr ein Kopftuch um.
    Als Flüchtlingschind
    Hesch du es Tuech ume Grind.

DISCRECIÓN Dumme blöde Welt
    Du bist zu hart!

MUNDO Trulla trulla
    Trullallah
    Miseria Miseria
    Du hesch es Chopftuech a!

PATER SECRETARIUS Don Calderón, wir sind so weit!

TOD Gleich schlägt die Zeit

Die Siebte Rolle tritt vor.

WEIBERHIMMEL Moment, Moment!
    O Autor soberano,

Was spielt diese Rolle?
Bleibt sie unbekleidet
Bleibt sie stumm?

PATER SECRETARIUS Der Meister schweigt

MÄNNERHIMMEL Der Zeiger steigt

TOD Die Zeit ist um.

AUTOR »Y pues prevenido está
el teatro, vos y vos
medid las distancias dos
de la vida.«

Tutti singen

O GRAN TEATRO MUNDIAL

O gran teatro mundial
O grosses wundervolles WIE
Sakralspektakel spezial
O Calderóns Genie
Ergiess dich nun total
Ergiess dich Satz für Satz
In diesen Sommerabend
Auf den weiten
Rundbereiten
Klosterplatz!

Die Turmuhr schlägt neun.

II

DIE ZWEITE VIERTELSTUNDE

Frühling

Mundo auf dem Velo vom Dorf her.

MUNDO Was isch los?
    Werum sind d Ständ no zue?
    De Früehlig chunnt
    S gitt öppis z tue,
    Iher Ständligurre,
    Uf em Platz
    Faht s Läbe afah surre.

In den Arkaden links und rechts öffnen sich Jalousien.

MUNDO Cherze muess i ha.

STANDFRAUEN Zum Stärbe?

MUNDO Nei, zum Taufe.

STANDFRAUEN Myni sind us Wachs!
    Gib nid so a
    Die sind us Paraffin
    Us Fett und Süüri!
    Hesch es gäre fyn?
    Wotsch lieber tüüri?
    Uf de Docht chunnts a
    Bi allne Cherze
    Au bym Ma!
    Wieviel sind denn gebore?

MUNDO Siebe Stuck.

STANDFRAUEN Wieviel muesch ha?

Tod, als Abfallmann, stochert nach Dreck.

MUNDO Ich bruuche sächs zum Taufe.

TOD Eis begrabids more.

MUNDO Stimmt, e Totecherze
    Sett i au no chaufe.

ALTE STANDFRAU Was gits?

STANDFRAUEN Holundergoofe!

ALTE STANDFRAU Hä?

MUNDO Vom Schwoofe!
D Septembernächt sind heiss.

ALTE STANDFRAU Wieviel?

STANDFRAUEN Im Ganze siebe!
Tod syg eis.

ALTE STANDFRAU Jä, nume sächs?
Zu myner Zyt het so e Nacht
No a di hundert Goofe gmacht.

Sechs Kinder eilen über den Platz zur Kirche hinauf; eines trägt die Krone, eines die Kappe, eines ist reich, eines schön, eines trägt das Kopftuch, und der Bauernjunge zeigt den Händlerinnen die Zunge.

STANDFRAUEN Iher sind scho wieder z spoot!

Die sechs Kinder betreten durch das linke Seitenportal die Kirche.

TOD Scho d Schuelmäss gsy.
Primarschuel scho verby.

MUNDO Es chunnt wies goht.

Aus dem rechten Seitenportal treten sechs Jugendliche, mit den gleichen Requisiten wie zuvor die Kinder, eilen treppab, verschwinden im Dorf.
Auf den Balustraden landen Vögel.

VÖGEL/WEIBERHIMMEL Tio tio tiotinx
   Im Mai im Mai
   Im Mai beginnts
   Ra raa ri rii

MUNDO Hipp hipp hurra
   Die Touris kommen

VÖGEL Sie sind da!

Touristen.

STANDFRAUEN Madönneli und Kruzifix!
   Häliböck and Wanderstöck!
   Das Gaffen kostet nix!
   Biberfladen, Bier und Rosenkränze
   Schokoladen, Cola, Grittibänze
   Sündenablass, Kelche und Monstränze
   Prenez, venez, chaufid gschnell
   Suscht chömid ier i d Höll!

Der abendliche Corso setzt ein. Gruppen von jungen Frauen und Männern schlendern über den Platz, unter ihnen die sechs Figuren: die junge Hermosura, die junge Discreción, der junge Rey, der junge Rico, der junge Labrador und Miseria.

DIE JUNGEN FIGUREN *zu Miseria.*
   Was will denn die?
   Wer bist denn du?
   Sie hat ein schönes Grindel

Nimm sie ab die Windel
Ist bei uns nicht Brauch
Mit dere Schmuuse?
Mich täts gruuse!
Ohrechuss
Und Zungechuss
Wer jetz nid schmuuset
De blybt duss.

MUNDO Nur äni dett
    Au wenn sie wett
    D Miseria d Miseria
    Sell keine ha!

STANDFRAUEN/DIE JUNGEN FIGUREN
    Nur äni dett
    Au wenn sie wett
    D Miseria d Miseria
    Sell keine ha!

Die ausgesonderte Miseria singt ein Lied aus ihrer Heimat.
Die jungen Figuren singen

    O STERNEN ÄUGELEIN

    O Sternen Äugelein
    O Seiden Härelein
    O grüner schöner Mai
    O Rosen Wängelein
    Korallen Lippelein
    Es bleibet doch dabei

O Perlen Zähnelein
O Honig Züngelein
Komm küss mich nicht so scheu
O weisse Brüstelein
O heisse Schenkelein
Der Mai macht alles neu

Du Allerliebste sei
Noch heute mein
Du Allerbester ja
Ich bin dir ewig treu

O Sternen Äugelein
O Seiden Härelein
O grüner schöner Mai
Jetzt gehen wir ins Heu

MUNDO Halt, halt!
  Nid gar so gsprängt!
  Zwar sagt der Papst zu Roma:
  «Amore gutt – niet Condoma!»
  Aber d Wält wär huerefroh
  Ihr hettid en Pariser gnoh.

STANDFRAUEN Madonne Maiestrüss und blaui Bänder
Bible, Chrüüz und Cherzeständer!

Die sechs Rollen, wie sie vom Autor bestimmt wurden, treten auf.

DIE SECHS ROLLEN/DIE SECHS JUNGEN ROLLEN
Ohrechuss
En Zungechuss
Wer jetz nid schmuuset
De blybt duss
Es chunnt
Wies goht
Wyll Zyt
Nie stoht
O grüner schöner Mai
O bleib! O steh! O sei!

Eine fröhliche Schar von Maturierten platzt aus der Gymnasiumspforte. Die jungen Rollen ziehen mit den Maturierten davon. Sie singen

DAS VALETE

A a a
Valete studia
Omnia jam taedia
Vertuntur in gaudia
A a a
Valete studia

I i i
Vale professor mi
Valeas ad optimum
Cures me ad minimum
I i i
Vale professor mi

Während die Maturierten und die jungen Rollen dorfwärts verschwinden, zieht auf der andern Seite des Platzes ein Trupp Bauern herauf. Labrador übernimmt die Spitze. Sie schwingen Kuhglocken und Peitschen.

LABRADOR/BAUERN
    E Huut wie Milch Milch Milch
    E Bruscht so schön schön schön
    Go gumm go gumm, go gumm go gumm
    De Föhn isch los, de Föhn goht um

    Es brännid uf de Hügel
    Üsi Schwängel dyni Flügel
    Flammid uf und flammid gross
    Go gumm go gumm, go gumm go gumm
    De Föhn goht um, de Föhn isch los

Oben auf der Treppe erscheint in strahlender Schönheit die junge Hermosura. Labrador und die Bauern tragen sie davon. Gleichzeitig begegnen sich unten auf dem Platz die ältere Hermosura und Rico.

RICO Warst bei den Bauern.

HERMOSURA Ph! Ich will doch nicht versauern.

RICO Habe heute gut verkauft
    Nicht wahr, ihr Damen?
    Bin der erste Lieferant
    Für Rosenkränze Autovasen
    Fotos Kerzen Bilderrahmen!

STANDFRAUEN Mängisch echli tüür.

ALTE STANDFRAU Doch sehr galant.

RICO Für Sie den Edelstein!
    Frau Welt, wann wirst du mein?

HERMOSURA Du willst die *Welt?!*

MUNDO Mier tät er emel gfalle
    Mit sym Gspür
    Fürs Nötlizelle.

HERMOSURA Hey, das isch e alti Schnalle!

MUNDO Tatsach isch:
    De Ma het mich
    Scho immer welle.

RICO *zieht einen langen Seidenschleier aus dem Stand der Alten.*
    Richtig! Ich der Rico
    Kann dir alles bieten.
    Zieh mit mir das grosse Los
    Und nicht die Nieten!

MUNDO Ja!

RICO *zu Hermosura.*
    Da, nimm den Schleier, Schöne
    Allerliebste Braut

>   Die Seide ist sehr teuer, Schöne
>   Morgen wird getraut
>   Du wirst die Mutter
>   Meiner Töchter, meiner Söhne
>   Unser Haus ist schon gebaut.

HERMOSURA St. Galler Stickerei!

WEIBERHIMMEL/STANDFRAUEN
>   Und Crêpe de Chine!

HERMOSURA Wie schön, wie fyn!

Ein Hochzeitszug rauscht auf den Platz, an seiner Spitze Rey. Er packt Hermosura.

REY Du machst dein Glück mit mir
>   Dem grossen Rey!

MUNDO *gibt Rico ein Champagnerglas.*
>   Du tarfsch ufs Photo, liebe Rico
>   Mit Veuve Cliquot!

Die Hochzeitsgesellschaft stellt sich für den Photographen auf die Treppe.

PHOTOGRAPH Cheeese!

TUTTI Cheeeeeese!

Mundo Evviva l'amore!

Tutti Evviva!

Das grosse Portal öffnet sich. Die Orgel jubelt den Hochzeits-marsch. Mundo führt Rey und Hermosura als Braut und Bräu-tigam in die Kirche, alle ab.
Die Glocke schlägt Viertel nach.

III

DIE DRITTE VIERTELSTUNDE

Sommer

Aus der Kirche klingt ein Dies irae. Tod führt einen mageren Begräbniszug Richtung Friedhof. Hinter dem winzigen weissen Kindersarg gehen Rey und Hermosura. Am Saum des Platzes ein paar alte Männer, mit Strohhüten, auf Stühlen.

ALTE MÄNNER Kä Tag alt.
    Scho begrabe.

WEIBERHIMMEL Sommer.

ALTE MÄNNER Schwül.

STANDFRAUEN Rabatt auf alle Kreuze
    Osterkerzen, Fasnachtsschnäuze.

MUNDO He, hend ier en Touri gseh?

STANDFRAUEN Avé avé,
    De Pilgerhandel isch
    Passé, passé.

ALTE MÄNNER De Rey.
    Da chunnt er abe.

Rey tritt vor das Publikum.

REY *zum Publikum.* Du hast Kraft, haben sie gesagt. Du bist besser als andere. Ich spüre diese Kraft. Schon in der Schule war ich der Anführer, Oberministrant, Unteroffizier, meine Kanzlei läuft prächtig, am Stammtisch führe ich das Wort. Aber wie steh ich jetzt da, im Mittag meines Lebens, auf dem leeren Platz? Mein Sohn. In der ersten Lebensminute war er alt genug für den Tod. Warum? Warum reisst ihr Steine die Augen nicht auf? Warum weint ihr nicht?

Discreción sitzt müde auf den Stufen. Die schwarzgekleidete Hermosura tritt zu ihr.

HERMOSURA Es war noch kaum geboren
    Schon hab ich mein Kind verloren.
    He, Frau Doktor, gib es mir zurück!

DISCRECIÓN Dein Kind.

HERMOSURA Mein Kind, mein Glück!
    Ich halt es nicht

Mehr aus, nicht hier
Und nicht zuhaus!

Mundo und sommerlich bunt gekleidete Mütter, jede mit einem Kinderwagen, spazieren von allen Seiten auf den Platz.

MUNDO/MÜTTER Guete Morge, Frau Chäli
Frau Oechsli, Frau Füchsli,
Frau Stähli, Frau Nüssli,
Guete Morge, guete Morge,
Frau Meier, Frau Treier,
Frau Hussy, Frau Russi,
Wie gohts em Chlyne
Ganz de Herr Papa
Am Ma sy Nase
Syni Füüli
Myni Auge
Ihm sys Müüli
Lueg wies Füstli macht
Guet Nacht guet Nacht guet Nacht!

Hermosura singt

MYS CHIND

Lueg alli Stärnli sind
   Mys Chind
No chlyner als dyn chlyne Grind
Drum schyn, drum schnuuf, schrei luut
   Mys Chind

>   Herrje, was macht dy Huut
>   Mys Chind
>
>   Lueg alli Stärnli sind
>   Mys Chind
>   No chlyner als dyn chlyne Grind
>   Mys Chind

Die Mütter ab.

WEIBERHIMMEL Sommer.

ALTE **M**ÄNNER Schwül.

MUNDO/**S**TANDFRAUEN Avé avé,
   De Pilgerhandel isch
   Passé passé.

Tod wischt und kratzt Vogeldreck weg.

TOD Dräck.

MUNDO Dräck!

TOD Vo främde Vögel.

ALTE **M**ÄNNER So.
   Vo främde Vögel.

TOD Ja.

Standfrauen werfen Miseria, die unter den Arkaden einen kleinen Basar betreibt, samt ihren Waren auf den Platz hinaus.

STANDFRAUEN Zum Tämpel uus
  Und furt mit Schade
  Das isch üse üse üse Lade!
  Furt mit all dem Plunder
  Du ghörsch wäg
  Und nid do drunder!
  Das isch üse üse üse Platz
  Verschwind verreis verreck
  Suscht gits Rabatz!

Rico mit einem Koffer.

RICO *auf Miseria zeigend, die ihre Waren zusammenrafft.*
  Mitten auf dem Platz, man glaubt es nicht! Sind wir denn ein Basar? Verschwind, hau ab!
  Öffnet seinen Musterkoffer, zum Publikum.
  Interessiert an einem Schnäppchen? Der Knochensplitter ist vom heiligen Meinrad, notariell beglaubigt, päpstlich gesegnet, Urbi et Orbi, und hier, aber Pst, Madame, nicht weitersagen, ein Rosenkranz der Sonderklasse, A‑1‑Qualität, die Perlen sind garantiert echter als Ihre Zähne. Nein? Sie wollen nicht kaufen? Verstehe. Überall Dreck, fremde Vögel, Scherben, das versaut doch dem Frömmsten die Andacht.

Standfrauen schliessen ihre Jalousien.

STANDFRAUEN Ich mach zue.
   S isch tänk Zyt.
   Für immer.

MUNDO De Pfaue
   Sägids, ghöri jetz de Bank.

STANDFRAUEN De Bäre scho länger.

MUNDO Nur de Ullmann
   Cha sich no hebe.

STANDFRAUEN De Ullmann.

TOD Und s Schlachthuus.

STANDFRAUEN Guet Nacht.
   Ab.

Miseria tritt vor das Publikum.

MISERIA *zum Publikum.* Ich bin Miseria, die mit dem Kopftuch. Aber habe ich eine andere Seele als die dort, als Sie? Hab ich nicht Verstand wie ihr, Gefühl wie ihr, Herz Lippen das gleiche Gesicht? Was kann denn ich dafür, dass meine Eltern fliehen mussten? Ich bin hier geboren, wie ihr, in den Sommernächten kann ich nicht schlafen, wie ihr, ich rieche den Sandstein vom Kloster, wie ihr, kenne die Schatten vom Mond, wie ihr, beim Rossstall wartet einer auf mich, er ist lieb, nur ein bisschen feig, aber was solls, ich hab Lust zum Küssen – hey du, kommst du mit? Auch lieb. Auch feig. Wie ihr.

Labrador, mit einer Milchtanse.

LABRADOR *schüttet seine Milch aus. Zum Publikum.* Hab ich früher das Kloster angeschaut, hab ich mir sagen müssen: So ist es, wie es ist, ja. Hab ich früher das Land angeschaut, meinen Hof, das Vieh, hab ich mir sagen müssen: So ist es, wie es ist, ja. Das Kloster steht immer noch. Aber das, Leute, ist meine letzte Milch. Ist sie gewesen. Alles hin. Futsch. Sommer, Emdwetter, aber riechts nach frisch gemähtem Gras? Hört man das Läuten der Herden? Rattern die Traktoren? Dies ist mein Land. Mir gehören die Tannen, ihre Wurzeln, ihre Wipfel bis zu den Sternen: mir! He, du da oben, warum ist mein Leben eine ausgeflossene Tanse? Gib Antwort, Klosterkirche, reiss dein Maul auf! Warum ist es, wie es ist? Darf man das wissen, he? Warum!

HERMOSURA Warum gerade ich? Kann mir das jemand erklären? Warum ist es gerade mein Kind, das mir in diesen Händen wegstirbt?

DIE FÜNF ROLLEN *ausser Discreción.*
Warum
Ihr Arkaden
Umarmt ihr uns nicht?

Warum begrabt ihr
Was wir träumen
Im Dunkel?
Wo sind denn
Die Tränen der Steine
Alle versickert vertrocknet
Im Sommer?
Und du
Grosses Portal
Warum bleibst du stumm?
Wer hält dich zu?
Wer sperrt uns aus?
Komm, du da oben
Komm!
Beweg nicht nur
Deine Zeiger
Sag ein Wort
Reiss dich auf
Nimm das Blinken
Der Häme der Leere sofort
Aus all deinen Augen!

DISCRECIÓN *zum Publikum.* Gott ist tot. Ich bin Ärztin. Ich weiss Bescheid. Wäre Gott wirklich Gott, müsste er alles sein, wirklich alles, auch die Metastase, die wir herausoperieren, auch das Vieh, das sie in die Schlachthäuser treiben, auch das sterbende Kind und seine Mutter. In uns müsste er sein, in den Ritzen dieser Steine, in den wässrig-wunden Rücken der Alten. Haben Sie ihn irgendwo gesehen, gespürt, erkannt? Na also. Vielleicht ist er mal gewesen. Vielleicht ist er, der unendlich Allmächtige, sogar sein eigener Irrtum gewesen, ein blutig schäumendes Maul, das sich selber verzehrt – ich will es nicht beurteilen. Tatsache ist: Wir brauchen ihn nicht mehr. Der liebe Gott, die grossen Fragen, die lauten Schreie nach Sein, Sinn und Ziel: tempi passati, meine Damen und Herren. Tempi passati.

Die Turmuhr schlägt halb zehn.

IV

DIE VIERTE VIERTELSTUNDE

In der Pestzeit

Ein Wallerzug, vom Tod geführt, geisselt sich stöhnend und schreiend treppauf.

WALLER Avé avé, avé avé!
  O Vita nostra, quae recessit
  Erat nihil, erat pulvis
  Erat nox et risus
  Erat nebula et cataclismus
  Umbra, fumus, vox et nix
  Die Pest macht gack
  Die Pest macht gix
  Avé avé, avé avé!

Aus dem Portal ziehen in Zweierreihe – die Hände verärmelt, die Häupter gebeugt – die Mönche. Am Schluss des ehrwürdigen Zuges Abt, Pater Dekan und Bruder Ökonom.

ABT Warum lässt Gott, der Allgütige, seine Geschöpfe unglücklich werden?

DIE WALLER/DIE MÖNCHE Warum!

JUNGER MÖNCH Warum sterben unschuldige Kinder?

DIE MÖNCHE Warum wütet die Pest?

TUTTI Warum!

ABT Confratres, wir erwarten Doctores cum titulis plenissimis. Die Gelehrten sind geladen, unsere Frage zu beantworten. Wem dies gelingt, soll einen lebenden Ochsen erhalten.

PATER DEKAN Da kommt der erste.

BRUDER ÖKONOM Wird er den Ochsen gewinnen?

Ein dicker Scholar.

DICKER SCHOLAR Hochwürdiger Fürstabt, ehrwürdige Patres! Von der weiten Reise bin ich hungrig —

BRUDER ÖKONOM Wir auch.

ABT Nach Weisheit. Die Welt ist von Stöhnen erfüllt, von Tränen benetzt, von Beulen überwuchert.

JUNGER MÖNCH Und ein allgütiger Gott soll sie erschaffen haben?! Nein, Confratres, gütig kann dieser Gott nicht sein!

ABT Silentium!

JUNGER MÖNCH Gnädiger Herr, verzeiht, der Zweifel frisst an meinem Glauben.

DICKER SCHOLAR Junger Mönch!

JUNGER MÖNCH Herr?

DICKER SCHOLAR Schaut mich an! Betrachtet meine Backentaschen! Was seht Ihr?

JUNGER MÖNCH Gähnende Leere!

DICKER SCHOLAR Aber nehmt einmal an, ich hätte eine Rehkeule, um dran zu reissen, dran zu beissen, zu mahlen, zu malmen! Nehmt an, die rechte Backentasche, wulstig gebläht, könnte der linken ihre Beute zuschleudern, von der quetschenden Zunge sekundiert! Stellt euch gebratene Hühner vor, in Mandelmilch schwimmend, auf fetttriefenden Schweinsköpfen Äpfelkronen, Würste aus Graubünden, Böhmerwein in Strömen, Traminer aus Tirol –

ABT In medias, Scholar.

DICKER SCHOLAR Fürstabt, da bin ich bereits
Zeigt auf seinen Magen.
Die Mitte ist hier.

BRUDER ÖKONOM Medius locus.

DICKER SCHOLAR Der Magen.

BRUDER ÖKONOM Zur Sache, Prediger! Dass wir einen Magen haben, wissen wir selber.

DICKER SCHOLAR Der Magen, meine Herren, ist die Mitte der Welt, nämlich die Natur der Natur. Um diese Kugel zu stopfen, müsst ihr einem Kapaun den Kopf abhacken, den Karpfen das Genick brechen, den Kälbern das Beil geben. Um eure Purpurgewänder für die Messe zu färben, braucht es Fässer voller Judenblut. Gott, der Allmächtige, kann sein Erlösungswerk nur dann vollbringen, wenn die Weltsuppe bös versalzen ist. Ohne Zweifel gibt es keinen Glauben. Ohne Tod kein Leben. Ohne Hunger keine Sättigung. Gott ist das Licht und macht das Dunkel. Wo ist der Ochse? Gebt mir den Ochsen, belohnt mich, ihr Mönche, aber belohnt mich rasch, denn seht –
Reisst sein Gewand auf.
die Natur der Natur, das ist: ewiges Mahlen –

BRUDER ÖKONOM Rührt ihn nicht an!

DICKER SCHOLAR Ewiges Wachsen, ewiges Werden –

BRUDER ÖKONOM Eine Beule!

DICKER SCHOLAR Ewiges Verschlingen, Verdauen, Verderben.

DIE WALLER/DIE MÖNCHE Die Pest!

Tod und die fremden Vögel schleifen den sterbenden Scholar unter die Arkaden.

BRUDER ÖKONOM Schüttet Ätzkalk aus!

ABT Indes wir, um zu beten –

BRUDER ÖKONOM So rasch als möglich!

ABT – würdigen Schrittes heimkehren in die Stille unserer Clausura. Dominus vobiscum!

DIE MÖNCHE Et cum spiritu tuo!

JUNGER MÖNCH Halt! Wartet! Da kommt der nächste.

Ein hagerer Scholar.

HAGERER SCHOLAR Warum fragt ihr nach dem Sinn von Leid, ihr Mönche? Wer gibt euch das Recht, Gottes Plan in Frage zu stellen? Ist das euer Ernst: Ihr wollt die Grösse seiner Schöpfung in die stinkenden Bottiche menschlicher Zweifel tunken? O ihr Kleingläubigen, an euch erweist sich, dass die Vernunft auf einem Esel reitet, erst noch rückwärts. Wer gab euch die Gabe der Erkenntnis?

DIE MÖNCHE Creator siderum.

HAGERER SCHOLAR Wer gab euch den freien Willen?

DIE MÖNCHE Redemptor omnium.

HAGERER SCHOLAR Factum est! Gott gab euch die Erkenntnis, damit ihr *Ihn* erkennt. Und er gab euch den freien Willen, damit ihr es freiwillig tut. Aber ah, ach, wozu hat der Mensch seine Freiheit genutzt? Für den Zweifel! Um die Herrlichkeit Gottes an menschlichen Massen zu messen! Ihr Mönche von Einsiedeln, kapiert ihr nicht, dass eure Frage ein Spatz ist, von einem Spatzenhirn geboren? Gottes Plan ist zu gross für euch, um Lichtjahre zu gross, belohnt mich, aber belohnt mich rasch, denn seht –
Zeigt ihnen den Hintern.
– dieser Hintern ist geschaffen, sich auf den Rücken des Ochsen zu schwingen, damit wir auffahren zu Gott wie Elias im Feuerwagen!

Tod und die fremden Vögel schleifen den Hageren unter die Arkaden.

PATER DEKAN Aus dem Unterland stieg die Pest herauf.

BRUDER ÖKONOM Erst die Pest, dann der Wahnsinn. Was kommt als nächstes?

Calderón, el Autor, zieht mit einer Gauklertruppe auf den Platz ein. Auf dem Karren Mundo, Tod und die sieben Figuren des Welttheaters.

AUTOR Verzeiht, wir sind nur Komödianten, eine arme Wandertruppe, aber unser Schauspiel, das unter der glühenden Sonne Spaniens entstand, hat die Kraft, mit einer siebenschönen Jungfrau –

HERMOSURAR Hallöchen!

AUTOR – und allerlei Verwandlungen das von Zweifeln umdüsterte Gemüt zu erheitern.

Unter den Arkaden Gestöhn der Pestkranken und Waller. Autor stösst den Stab auf den Karren. Stille.

AUTOR Patres von Einsiedeln, was sich auf diesen Brettern abspielt, und zwar durch unsere bescheidene Kunst, heisst el gran teatro del mundo –

MUNDO Täterätätä!

AUTOR Schweig!

MUNDO Pardon.

AUTOR – el gran teatro del mundo und ist eine Analogia zum obersten Prinzip.

JUNGER MÖNCH Analogia? Was heisst das?

AUTOR Eine Analogie ist zum Beispiel ein Wirtshausschild. Das Schild kann schlecht gemalt sein, aber macht das die *Küche* schlechter?

BRUDER ÖKONOM Er spielt auf den Ochsen an.

DIE MÖNCHE Sophismus! Geschwätz!

ABT Silentium! – Wenn ich Euch richtig verstehe, Señor, möchte Euer Welttheater auf die Herrlichkeit der Schöpfung verweisen.

AUTOR Gnädiger Herr, Ihr habt mich verstanden.

ABT Ich habe Eure *Absicht* verstanden.

AUTOR Alles andere zeigt das Spiel.

ABT Aber ihr sagt doch selbst, Eure Kunst sei bescheiden.

AUTOR Ja, Gnädiger Herr, sehr bescheiden.

ABT Also bitte, wie kann etwas Jämmerliches das Grandiose offenbaren?

BRUDER ÖKONOM Wie begreifen wir, dass das schlecht gemalte Schild auf eine gute Küche verweist?

AUTOR Theater! Unser Stolpern ist euer Lachen, unser Leid eure Freude, unser Weinen und Zetern erheitert euch.

ABT Gut, wenn ihr uns das Leben zeigt –

TOD Das wahre Leben!

MUNDO Und d Wält i ihrem Glanz!

ABT Dann soll euer Spiel die Scherbe sein, die das Glühen der spanischen Sonne spiegelt und unser Dunkel erleuchtet.
Zeigt auf Hermosura.
Spielt sie das Gesetz der Gnade?

HERMOSURA Die Schönheit, Gnädiger Herr.

ABT Hm. Und das Gesetz der Gnade?

AUTOR Gestrichen.

DIE MÖNCHE Gestrichen?

AUTOR Aus Kostengründen – einerseits. Zum andern hatten wir mit der Gnade unsere Probleme, Gnädiger Herr. Wer den Tod spielen muss –

TOD »¿Quién me llama?«

DIE MÖNCHE Huh!

AUTOR – macht den grössten Effekt. Die Welt, die alte Vettel –

MUNDO Hou hou hou!

AUTOR – holt die meisten Lacher. Das Theater ist gerecht, wie Sie sehen. In Analogia zum Obersten Schöpfer bemühen wir uns um ein möglichst interessantes Spiel. Gnade wird nicht gegeben.

ABT Keine Gnade?

DIE MÖNCHE Keine Erlösung?

ABT Tut mir leid, Señor, zieht weiter! Indes wir, um zu beten, zurückkehren in die Stille unserer Clausura. Dominus vobiscum!

DIE MÖNCHE Et cum spiritu tuo.

AUTOR He, Gnädiger Herr, wartet! Wir geben auch ein Zwischenspiel, und statt der Gnade pflanzen wir mitten im Stück das Kreuz auf.

ABT Das Kreuz?

DIE MÖNCHE Barmherziger!

MUNDO Mit üchere Muetter Gottes!

ABT Salve Regina!

DIE MÖNCHE Mater misericordiae.
Sie knien nieder.

AUTOR Gnädiger Herr, falls wir spielen dürfen – *so* sähe die Stückmitte aus. Die Madonna tritt unter das Kreuz –

MUNDO – mit em Schwyzerörgeli!

AUTOR – und der Heiland stellt dem himmlischen Vater jene Frage, die euch wie ein Fieber befallen hat.

Heiland, von der Schwarzen Madonna auf dem Schwyzerörgeli begleitet, singt

DAS KREUZLIED

Eli eli
Lema sabachthani
Vatter, Vatter lah mi
Nümme länger hange
Elohi, Elohi

Werum werum
Muess ich a dere Stange
Lyde, blüete, plange
Vatter, Vatter
Muess das sy?

Die Turmuhr schlägt Viertel vor.

V

DIE FÜNFTE VIERTELSTUNDE

Herbst

*Aus den Arkaden treten Rico und die Mc-Meinrad-Brigade.
Sie singen*

DEN MC-MEINRAD-SONG

Mc Meinrad with Cheese
Mc Meinrad con Frutti
Mc Meinrad mit Mayo
Mc Meinrad per tutti

Mc Meinrad with Chiken
Mc Meinrad für Vips
Mc Meinrad mit Fritten
Mc Meinrad with Chips

Mc Meinrad mit Ketchup
Mc Meinrad con Chili
Mc Meinrad das lieb i
Mc Meinrad das will i

Mundo, Tod, Standfrauen singen

DAS PUTZLIED

Horutz horutz horutz
Verscheuchen wir
Das fremde Vogelgfutz

Horutz horutz horutz
Jetz gits en grosse Putz
Jetz gits e glatti Hatz

Horutz horutz horutz
Suuber wird und nüü
De Chlo-Chlo-Chlosterplatz

Vögel und Weiberhimmel

Ri riik ri riik ri riik
Do goht e nüüe Wind
Do gits e grossi Hatz

Tod, Mundo, Standfrauen | Vögel, Weiberhimmel

    Horutz ri riik horutz
    Do gits en grosse Putz
    De gits en nüüe Platz

Rico und die Mc-Meinrad-Brigade

    Herr Rey Herr Rey Herr Rey
    Wir müssen hi-ha-handeln
    Fort mit allen
    Die den Platz
    Verschi-scha-schandeln

Rey und Hermosura

    Ja, Herr Rico Rico Rico
    Wagen wir den grossen Deal
    Wir alle haben doch
    Ein schönes klares Ziel
    Wir räumen auf
    Und machen hoi hoi hoi
    Hier alles neu neu neu

Tutti

    Mc Meinrad mit Ketchup
    Mc Meinrad con Chili
    Mc Meinrad das liebi
    Mc Meinrad das wili

Labrador.

LABRADOR Ihr seid ja neu geboren
    Ich hab meinen Hof verloren
    Auch das Vieh, den Grund
    Ich streune rum, ein armer Hund.
    Es fragt sich nur:
    Wer nahm mir Hof und Flur?
    Zu Rico.
    Wars deine Bank?
    Zu Rey.
    Wars deine Politik?

RICO *setzt ihm eine Mc Meinrad-Mütze auf.*
    Jetzt hat er einen Job.

MC-MEINRAD-BRIGADE *souffliert ihm.*
    Mc Meinrad con Frutti
    Mc Meinrad per tutti –

LABRADOR Mc Meinrad isch top!

REY Ich kenne meine Sendung
    Unser Kampf, er gilt
    Der Überfremdung!

LABRADOR Rey, wir müssen handeln!

VOLK Hi-ha-handeln!

LABRADOR Fort mit allen die
   Den Platz

VOLK Verschi⁀verscha⁀verschandeln!

REY Sicher! Zeugung! Urvertrauen!
   Wurzelgrund wie weiland Väter
   Zukunft Jugend Volk
   Drum heute früher später
   Milch und Brei und Molk

LABRADOR/VOLK Drum heute früher später

REY Ja, ein echter Kompromiss
   Human global total
   Die Schweiz la Suisse
   Der Platz das Tal
   Die Butter und de Anke –
   Ich ha gsproche, tanke!

Während Mundo, Labrador und Volk mit der Miseria und den fremden Vögeln dorfwärts abziehen, erscheint auf der andern Seite ein Trupp Architekten. Rico, Rey und Hermosura übernehmen die Spitze. Die Architekten schwingen Planrollen.

REY/RICO/HERMOSURA Die Architekten!
   Kommt, ihr blitzmodernen, aufgeweckten
   Zeigt die neuen Pläne!

ARCHITEKTEN Ringsherum
　　　Ein See, Kanus und Schwäne
　　　Minigolf und Pyramiden
　　　Märchenschlösser, Sklavenschiffe
　　　Sprudelthermen, Strände, Tiden
　　　Klettergarten, Riesendrachen

RICO Und der Drache klafft!

ARCHITEKTEN Man steigt in seinen Rachen
　　　Hockt auf seinen Plomben
　　　Tritt durch enge Luken
　　　In die Klosterkatakomben
　　　Wo die ersten Christen spuken
　　　Römer und Apostel zomben

HERMOSURA Und der Heide heult!

ARCHITEKTEN Wenn aus dem Weib von Lot
　　　Das Feuer säult, die Säule loht
　　　Wenn aus dem Bauch vom Wal
　　　Der Jonas schlüpft, prophetenfrisch
　　　Erstarrt der ganze Saal
　　　Vor Leonardos Abendmahl
　　　Mc Meinrad ruft der Tisch

REY/RICO/HEERMOSURA/ARCHITEKTEN
　　　Mc Meinrad with Chips
　　　Mc Meinrad with Fish!
　　　Ab.

Discreción sitzt müde auf den Treppen. Miseria kommt mit einem Kinderwagen, darin ihr Kind.
Verängstigt tauchen die Vögel wieder auf.

VÖGEL/WEIBERHIMMEL E popoo e popoo
   De Herbst de Herbst
   Und mier müend go

MISERIA *zu Discreción.* Kannst *du* mir helfen?
   Es isch doch hie gebore.

DISCRECIÓN Dys Chind.

MISERIA Mys Chind.

VÖGEL/WEIBERHIMMEL Es näblet us de Tanne
   Es rauchid scho d Marronipfanne.

MISERIA Schön wies rüücht
   Uns schickt man fort.

TOD S wird Zyt.

DISCRECIÓN Wohin?

MISERIA Da steht der Ort
   Auf dem Papier.
   Was soll ich dort?
   Wir sind von hier.

Aus der Kirche das Salve Regina der Mönche.

DISCRECIÓN Es herbstet.
    Nach dem Salve
    Dämmert schon der Abend
    Nebel zieht ins Land
    Man fühlt sich alt
    Und fühlt sich älter
    Aus dem nahen Wald
    Kriecht grau und bald
    Die Nacht herein
    Und eine fremde Hand
    Greift kalt und kälter
    Um mein Herz aus Stein.
    Ab.

VÖGEL/WEIBERHIMMEL E popoo e popoo
    De Herbst de Herbst
    Und mier müend go.
    Ab.

MISERIA Lueg alli Stärnli sind, mys Chind
    Am tunkle Himmel ganz elei
    Jetz gömmer furt, mys Chind
    Mys Chind, jetz gömmer hei.
    Ab.

Im Dorf setzt die Blasmusik ein. Mundo und ein Festzug mit Fahnen und Fackeln führen Rey und Hermosura, seine strahlende Gattin, auf den Platz.

MUNDO Der grosse Rey!

VOLK Hoch!

REY Über diese Stufen
    Sanft wie Falten
    Sind wir als Kinder
    Zur Schulmesse gerannt.
    Unter den Arkaden dort
    Haben auf roten Wangen
    Unsere ersten Küsse gebrannt.
    Auch war es mir vergönnt
    Gegen fremde Gewalten
    Einen schönen, sauberen Platz
    Gemeinsam mit euch zu gestalten.
    Was war der Sinn
    All dieser Taten?
    Liebe Freunde
    Ich will es euch verraten:
    Sie waren ein stolzer Beginn.
    Gewiss, manches ist getan
    Aber gehen wir davon aus
    Dass wir auf langer Bahn
    Von der Wiege bis zur Bahre rennen
    So beginnt erst jetzt und erst hier
    Was wir die besten Jahre nennen.
    Ich bin euer Bezirksammann

VOLK Hoch!

Rey Regierungsrat!

Volk Hoch!

Rey Landammann!

Volk Hoch hoch hoch!

Rey Der erste Mann im Staat
     E wyssi Weste
     Suubers Gwüsse
     Üch zum beste
     Muttersprache Vaterland
     Struktur Zenit Komplex!

Volk Struktur Zenit Komplex!

Rey Natur Quartal Komfort!

Volk Natur Quartal Komfort!

Rey Dynamik Dynamit
     Finanz Kredit
     Das Geld die Zeit
     Im Schnitt

Volk Total sofort

Rey Der schönste Ort
     Das schönste Tal
     Hipp hipp

VOLK Hopp hopp

REY/VOLK Global! global! global!

Die Turmuhr schlägt zehn.

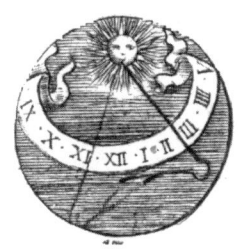

VI

DIE SECHSTE VIERTELSTUNDE

Winter

Das grosse Portal öffnet sich. Der alte Rey und die alte Hermosura treten auf den Platz hinaus. Rey und Hermosura, das eben noch gefeierte Paar, erschrecken vor dem eigenen Alter, das ihnen langsam entgegen kommt.

HERMOSURA Wer ist die Frau –

REY Der Mann!

HERMOSURA So alt!

REY Und krank!

HERMOSURA Und grau!

REY Verreckte Cheib!

HERMOSURA Ein Greis!

REY Ein Hutzelweib!

REY/HERMOSURA Wer seid ihr –

DER ALTE REY/DIE ALTE HERMOSURA
    Wer seid *ihr* –

DER ALTE REY Das sind ja wir.

DIE ALTE HERMOSURA Das *waren* wir.

DER ALTE REY Ja ja, vor langer Zeit
    Stand ich, der Rey
    Auf diesem Platz.

DIE ALTE HERMOSURA Das ganze Dorf
    Um uns versammelt.

DER ALTE REY War Bezirksammann
    Geworden. Nein, Regierungsrat…

DIE ALTE HERMOSURA Viel höher, Rey
    Der erste Mann im Staat.

DER ALTE REY Egal.

DIE ALTE HERMOSURA Ist lange her.

DER ALTE REY Komm, hilf mir
 Die Stufen
 Sind zu schwer
 Für meine alten Knochen.

HERMOSURA Rey!

REY *zeigt auf die alte Hermosura*
 Liebling, das bist du!

HERMOSURA Bin ich? Wie das?
 Dort kommen sie
 Am Stock gekrochen.

REY Ja, du Schöne,
 Das ist unser Rest
 An Leben.

HERMOSURA Unser Rest?
 Was sind dann wir?

REY Wir sind das Paar
 Wies früher einmal war.

HERMOSURA Wies früher einmal war?!

DIE ALTE HERMOSURA Ja.

HERMOSURA *zu Rey.* Halt mich fest!
 Ich bin doch schön,

Mein Lieber, bin noch jung
Mit meinem Teint
Mit meinem Haar!

DIE ALTE HERMOSURA Bist du nur noch
    Erinnerung

HERMOSURA Erinnerung

DER ALTE REY Ein letzter Glanz

REY Ein letzter Tanz

DAS ALTE PAAR Der grosse Rey
    Und seine schöne Frau

DAS JUNGE PAAR Die schönste Frau
    Im Dorf im Tal

DAS ALTE PAAR Es war einmal
    Es war einmal

DAS ALTE PAAR/DAS JUNGE PAAR
    Vorbei vorbei vorbei.

MUNDO S chönnt hütt no öppis abeghye.

TOD Ja, s gseht fascht so us
    Als chämtis bald
    Go schnye.
    Mit dem alten und dem jungen Rey/Hermosura-Paar ab.

Die Komplet beginnt. Ein Teil der Leute geht in die Kirche, andere verziehen sich ins Dorf. Mundo, einige Standfrauen und ein paar alte Männer, jetzt mit Mänteln, Kappen und Zipfelmützen, bleiben zurück.

MUNDO/STANDFRAUEN Die tüüfe Pryse voredra!
 Willkommen, Welcome, Sayonara
 Rohe Fish and Häliböck,
 Madönneli and Wanderstöck!
 Das Gaffen kostet nix!
 Hier ganzes Panorama
 Halbe Preis, das Dorf by night
 Mc Meinrad, Cola, Kruzifix!

Vom Dorf her eilen Gymnasiasten zur Pforte hinauf. An ihrer Spitze der junge Labrador. Labrador blickt stolz auf seinen Jungen.

GYMNASIASTEN *rezitieren den Anfang der Odyssee.*
 »Andra moi ennepe, Musa, polytropon, hos mala
  polla
 planchtä, epei Troiäs hieron ptoliethron eperse.
 Pollon d'anthropon iden astea kai noon egno,
 polla d'ho g'en ponto pathen algea hon kata thymon,
 argumenos hän te psychän kai noston hetairon.«

Die Schulglocke läutet. Die Gymnasiasten verschwinden im Gymnasium. Labrador schaut ihnen nach.

LABRADOR Mein Bub. Bin stolz auf ihn.
 Wird bald ein grosser Herr.

Ein Doktor! Mich
Grüsst er schon lang
Nicht mehr.

Der alte Labrador.

LABRADOR Wer bist denn du?

DER ALTE LABRADOR Wer bist denn du?

LABRADOR Gut Tag.

DER ALTE LABRADOR Gut Nacht.

TOD Seid beide gleich
    Bald *eine* Leich!

BEIDE LABRADORES Wir gehn dem Himmel nach
    Vom Bären in den Schützen in die Waage
    Nimm, mein Fräulein, s'wird schon stimmen!

TOD Dankschön.

BEIDE LABRADORES Unser Krebs muss schwimmen.
    Mit dem Tod ab.

Alte stehen verloren auf dem Platz, unter ihnen die alte Discreción und der alte Rico.
Autor, Pater Secretarius, Männer- und Weiberhimmel treten auf.

AUTOR »Toda la hermosura humana
 es una temprana flor,
 marchítese, pues la noche
 ya de su aurora llegó.«

MÄNNERHIMMEL/WEIBERHIMMEL
 »No fallezca, no fallezca
 No, o no, o no
 vuelva a su primer albor.«

PATER SECRETARIUS Doch ach, die Rose gibt es nicht

AUTOR »De blanco o rojo color«

PATER SECRETARIUS Die ihre Farbe, ihre Art
 Im Morgenglanz bewahrt.

DIE ALTE DISCRECIÓN Ha immer Glück gha.
 Immer.
 Ich bi drum d Frau –
 Jetz hani de Name vergässe
 Mys Täschli
 Us Crocoläder
 Tüür gsy
 Schön, gäll?
 Nid wägnäh
 Ghört mier
 Isch es Morge?

DIE ALTEN Hei will i, hei.

Die alte Miseria.

Tod Wer isch denn das?
   Was will die Frau?

Die alte Miseria War lange fort.

Tod Aha, soso, war lange fort!

Die alte Miseria Ich glaub, ich kenne Sie.

Tod Ja ja, das chönnti sy.
   Läbsch ganz elei?

Die alte Miseria Drum bini da
   Drum chumi hei.

Die alten Tüür gsy
   Ha nid gschisse!
   Sterne! Sterne
   Essen
   Sterne
   Scheissen
   Windle wächsle
   Wo?
   Fort
   Lange fort
   Aha
   Soso
   Verschwunde
   Wer?

TOD De Tod.

DIE ALTEN De Tod!

DER ALTE RICO Was isch?

TOD Verschwunde!

DIE ALTE DISCRECIÓN He, und wer bisch du?
　　Er gseht em glych
　　Em grosse Tödel!

TOD *lacht. Zum alten Rico.*
　　Chumm, du Blödel!

DIE ALTE DISCRECIÓN Blyb!

DER ALTE RICO Wohi?

TOD Zum Tanz!

DER ALTE RICO Isch Fasnacht?

TOD Ja!

DER ALTE RICO S isch Fasnacht!

Tod und die Alten singen

TÜÜFELSFRATZE MICKYMÜÜSER

Tüüfelsfratze Mickymüüser
Chatzefudis gönd um d Hüüser
Giggerpärli und Pajasse
Hudigrinde gönd dur d Gasse
Häxegäxe wyssi Mohre
Stärbid hütt und läbid more.

Tod tanzt davon, die Alten ihm nach, alle ab.

Die Glocke schlägt Viertel nach.

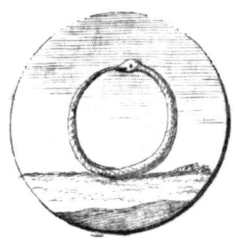

VII

SCHLUSS

El Autor, Pater Secretarius, Weiber- und Männerhimmel, sowie alle Figuren und Wesen stehen wie zu Beginn. Unter ihnen auch die Siebte Rolle.

AUTOR *stösst den Stab auf den Boden.*
    Personas!

PATER SECRETARIUS Personen!

AUTOR Papeles!

TUTTI Rollen!

Auftritt Mundo und Tod mit Rey, Hermosura, Rico, Discreción, Labrador und Miseria – wie sie im ersten Bild aufgetreten sind.

AUTOR *zu Rey.*
    »Di ¿qué papel hiciste tú?«

Pater Secretarius Wer warst du, Rey?

Rey ¿El Rey?

Autor *zu Hermosura.*
»¿Qué has hecho tú?«

Pater Secretarius Und wer warst du?

Hermosurar ¿La Hermosura?

Autor *zu Rico.*
»Y tú, Rico ¿qué hiciste?«

Pater Secretarius Und du, Rico, wer warst du?

Rico ¿El Rico?

Autor *zu Labrador.*
»Y tú, Villano ¿qué hiciste?«

Pater Secretarius He, du alter Bauer
Wer warst du?

Labrador ¿El Labrador?

Autor *zu Discreción.*
»Y tú, Discreción ¿qué hiciste?«

Pater Secretarius Und du, Discreción,
Wer warst du?

DISCRECIÓN ¿La Discreción?

AUTOR *zu Miseria.*
»Y tú, Miseria ¿qué hiciste?«

PATER SECRETARIUS Und du, Miseria
Wer warst denn du?

MISERIA ¿La Miseria?

AUTOR »Corta fue la comedia.«

PATER SECRETARIUS Kurz war dieses Stück

AUTOR »Que toda es una entrada
una salida.«

WEIBERHIMMEL Auftritt.

MÄNNERHIMMEL Abgang.

PATER SECRETARIUS Was war
Dazwischen?

Schweigen.

PATER SECRETARIUS Don, sie schweigen.

MÄNNERHIMMEL Redet, sprecht!
Wie wars?

Wars gut?
Wars schlecht?

Schweigen.

TUTTI Sie schweigen.

MÄNNERHIMMEL Hättet ihr die Chance
    Zu einem zweiten Start
    Nochmal dasselbe Stück
    Derselbe Part
    Die selben Rollen
    Würdet ihr das wollen?

Schweigen.

WEIBERHIMMEL Stellt euch vor
    Ihr würdet wieder
    Kind sein, wieder
    Jung verliebt verschmust
    Im Heu im Flieder
    In der schönsten Blust!

Schweigen.

TUTTI Sie schweigen!

AUTOR *zur Siebten Rolle.*
    »Tú, que al teatro a recitar entraste,
    ¿cómo, di, en la comedia no saliste?«

PATER SECRETARIUS Die Nummer Sieben!

MÄNNERHIMMEL Nichts hat sie gespielt.

WEIBERHIMMEL Hat nie geliebt
    Und nie gehasst.

MÄNNERHIMMEL Jetzt kannst du reden!

WEIBERHIMMEL Hast du was verpasst?

Schweigen.

PATER SECRETARIUS Sie schweigt auch!

MÄNNERHIMMEL/WEIBERHIMMEL
    So können wir nicht enden
    Calderón
    Du musst mit deinem Stab
    Ihr Schweigen brechen!

Mit letzter Kraft bewegt der Autor den Stab, zeigt auf die sechs Rollen.

DIE SECHS ROLLEN Du
    Musst sprechen!
    Du, Calderón, hast jetzt das Wort.
    Wie haben wirs gemacht, Calderón?
    Was haben wir gebracht, Calderón?
    Wie war der erste Tag
    Und wie die letzte Nacht?

Schau uns an
Calderón
Stell dich hin
Calderón
Wozu und wofür
War unser Leben Lieben Leiden
Unser Kommen, unser Scheiden?

Calderón
Beweg nicht nur
Deinen Stab, die Uhr
Komm reiss dich auf
Calderón
Was war denn der Sinn
Calderón
Was war unser Wesen
Was ist das grosse Ziel?
Calderón, Calderón
Ist unser Leben
Nichts als ein kleines SPIEL
Für dich gewesen?!?

Schweigen.

MÄNNERHIMMEL Analogie!
    Es geht ihm wie
    Es Gott, dem Schöpfer, geht –

WEIBERHIMMEL Er schweigt und steht
    Denn keiner weiss

So gut wie er
Dass auch sein Drama
Wie ein Atemhauch verweht.

TOD »¿Quién me llama?«

AUTOR »Una entrada
una salida«

MÄNNERHIMMEL/WEIBERHIMMEL
Finita la comedia.

Alle ausser Autor, Tod und Mundo langsam ab.

TOD Todo el Tablado
Alles händ er gha do
Hänino verhudlet
Händs vernudlet
Händs verpatzt
Und händs vertah
Jetz händers gha!

MUNDO Ja ja
Auch mir gehts mies
Ich stink aus jedem Loch
Nach Öl, Benzin und Teer
Ich gehe schlecht
Ich schnaufe schwer
Bin abgezockt
Und bös verblecht.

Doch merkt euch dies
Ihr Leute:
Wenn ich geh
So geh ich nur für heute.
Ja, es irrt der Club of Roma
Bin noch nicht
Noch lange nicht im Koma.
Galilei hat schon recht:
»Und sie dreht sich doch
Die runde Welt, die alte Oma!«

Stille. Nur noch Autor, Tod und Mundo stehen auf dem Platz.

AUTOR »Y pues representaciones
　　es aquesta vida toda,
　　merezca alcanzar perdón
　　de las unas y las otras.«

MUNDO/TOD Und da das ganze Leben
　　Nur Theater ist
　　Sei euch und uns
　　Das Spiel vergeben.
　　Ab.

Der Autor steht allein auf dem leeren Platz.

Finis.

Das Einsiedler Welttheater
Nach Calderón, von Thomas Hürlimann.
Veranstaltet von der Welttheater-Gesellschaft, Einsiedeln.
Präsident Peter Kälin. Premiere am 23. Juni 2000

Regie	Volker Hesse
Choreographie	Joachim Siska
Musik	Disu Gmünder
Kostüme und Maskenentwürfe	Ann Poppel
Lichtgestaltung	Rolf Derrer
Bühne	James Kälin
Maske	Anne-Rose Schwab
Produktionsleitung	Susi Clough
AUTOR	Pater Kassian Etter
TOD	Beat Ruhstaller
MUNDO	Gerlinde Schlumpf
REY	Roman Zoller
HERMOSURA	Chris Chandler
RICO	Moritz Kälin
LABRADOR	Walter Birchler
DISCRECIÓN	Antoinette Hofmann
MISERIA	Kathrin Häni

WEIBERHIMMEL .... Susann Bosshard-Kälin, Helga Kuriger, Elisabeth Lindauer, Trix Meyer, Rosmarie Oechslin, Marann Schneider, Doris R. Wehrli-Grossenbacher
MÄNNERHIMMEL ... Claude Bavaud, Peter von Burg, Franz Camenzind, Hans-Jörg Engeler, Hansjörg Grotzer, Hannes Uhr
STANDFRAUEN ...... Piette Birchler, Monika Dubs, Ruth Jakob-Menet, Rita Noser, Ursi Pfister, Ursi Staub

ABT	Benno Knüsel
PATER DEKAN	Andreas Plueer
BRUDER ÖKONOM	Ulrich Brügger
JUNGER MÖNCH	Victor Kälin
DICKER SCHOLAR	Karl Hensler
HAGERER SCHOLAR	James Kälin

und 250 Mitwirkende aus Einsiedeln und Umgebung

Arbeitsnotiz zum Einsiedler Welttheater

I

Calderóns *El gran theatro del mundo* ist als grosses Ganzes überliefert, ohne Bezeichnung von Akten oder Szenen, wie ein antikes Drama. Zählt man die Verse des *Grossen Welttheaters* aus, wird sichtbar, daß es sich auch in fünf Akte teilen läßt, wie eine Tragödie Shakespeares. Oder in drei Akte, wie eine französische Komödie.

II

Ich entschied mich für die Einteilung in sieben Szenen. Sie spielen auf dem Einsiedler Klosterplatz, unter den beiden Türmen mit ihren grossen, blau grundierten Uhren. Ihre Schläge eröffnen und beenden jede Szene. So bestimmt die ruhig kreisende Zeit das Spiel.

III

El Autor ruft sieben Figuren ins Leben. Eine, die siebte Figur, bleibt reine Möglichkeit, sie realisiert sich nicht. Die andern gehen auf der Bühne der Welt den Gang von der Geburt bis zum Tod. Zum Schluss kehren sie an den Ort ihres Auftritts zurück: Sechs Personen suchen einen Autor. Dies ist Calderóns Handlung, sein Stoff, die Dramaturgie des *Welttheaters.* Um zu zeigen, dass sie ganz und gar dem Original entstammt, trägt der Autor die Maske Calderóns und spricht seine Sprache. Der Einsiedler *Welt* kommt das »spanisch« vor.

IV

Die vierte Viertelstunde ist ein Zwischenspiel; das Stück springt in die Pestzeit. Damals sind ganze Klöster dem Wahnsinn verfallen. Wie ist es möglich, fragten die Mönche, dass ein allgütiger

Gott eine Welt voller Leiden erschaffen hat? Eine Schauspiel,
truppe – Calderón mit seinen Spielfiguren – deutet eine Antwort
an. Sie lautet: Auch ein schlecht gemaltes Wirtshausschild kann
auf eine exzellente Küche verweisen. Das schäbige Schild ist im
barocken Verständnis das Theater. Es verweist auf eine bessere
Welt. Und wenn die Welt voller Leiden ist? Dann verweist auch
sie, wie das schlecht gemalte Schild, wie das schlecht gespielte
Stück, auf eine grandiose Schöpfung.

V

Bisher zeigte man in Einsiedeln das *Grosse Welttheater* in der Über,
tragung Joseph von Eichendorffs. Er setzt den Autor mit dem
Meister gleich, also mit Gott. Diese Gleichung kann das Thea,
ter in einer bildersatten Zeit nicht mehr leisten. Wer oder was Gott
ist – wir wissen es nicht. Aber während des ganzen Spiels schaut
das Publikum auf das Kloster, das sich mit seinen Türmen über
den Platz erhebt. Sie verweisen auf das Geheimnis.

VI

Kein Geheimnis, sofern man hier lebt, ist das Dorf Einsiedeln.
Seine Figuren und Geschichten habe ich in die Calderónsche
Struktur eingefügt. Im Konkreten soll sich das Allgemeine spie,
geln. Auf einer Kugel, sagt Ernst Jünger, ist jeder Punkt Mittel,
punkt. Je globaler die Welt, desto wahrer wird dieser Satz.

VII

Zu Calderóns Zeit – das Stück wurde 1641 uraufgeführt – musste
die Menschheit begreifen, dass sie einen runden, im All hängen,
den Planeten besiedelt. Das rief schlimme Schwindelgefühle her,
vor. Also baute Don Pedro Calderón de la Barca, in seiner Jugend
ein strammer Soldat, später ein strenger Priester, zugleich aber
ein äusserst geschickter Theaterproduzent, seine Stück,Kathe,

drale, *Das grosse Welttheater*. Sie gehört zu den grossen Schöpfungen des Abendlandes, vergleichbar Dantes *Göttlicher Komödie*, Shakespeares *König Lear*, Goethes *Faust*. Sie ist bis in ihre Turmspitzen stabil, besteht ganz und gar aus Gewissheit, wer »recht tut« und über sich Gott erkennt, dem wird die Gnade der Erlösung zuteil. In den Schatten von Don Pedros Kathedrale stellten der Regisseur Volker Hesse, die Spielleute von Einsiedeln und ich das *Einsiedler Welttheater*. Und wenn unser Versuch nur eine Hundehütte ist, voller Zweifelsflöhe und Zeitgestank – die Kathedrale stört das nicht. Im übrigen weiss sie ja, dass auch das schäbigste Stück auf etwas anderes zeigt, auf das Hohe und Grosse, das die Zeiten überdauert.

Wohnen im Material

I

Einsiedeln ist theaterverrückt! Erste Zeugnisse dramatischer Aufführungen, noch in der Hülle liturgischer Feiern, stammen aus dem 12. Jahrhundert. Im Mittelalter wetteiferten Wanderkomödianten und die Schulbühne des Klosters mit Freilichtspielen, die sich dann, im 17. Jahrhundert, zum barocken Volkstheater grossen Stils entfaltet haben. Diese Aufführungen dauerten oft mehrere Tage und boten dem Publikum ganze Seeschlachten, echten Geschützdonner, Musik, Feuerwerk und zum Schluss eine Apotheose der Himmelskönigin, die das menschliche Getümmel sieghaft verklärte. »Nachdem die barocke Theater-Prachtgaleere an den Riffen der Aufklärung gescheitert war« (Hans Braun), lebten Dorf-, Schul- und Vereinstheater weiter, und sie leben, wie die Theatergruppe Chärnehus, das Fasnachtstheater der Stiftschule und viele Vereinsbühnen zwischen Ybrig und Alpthal beweisen, bis auf den heutigen Tag.

Im Expressionismus wurde das barocke Theater wiederentdeckt. 1920 brachte Max Rheinardt Hugo von Hofmannsthals *Jedermann* und zwei Jahre später das *Salzburger Grosse Welttheater*, Hofmannsthals Nachdichtung von Calderóns Fronleichnamspiel, vor dem Salzburger Dom zur Uraufführung. Von diesen Spielen beeinflusst, erkannte Peter Erkelenz, ein durchreisender Rezitator, in der Barockfassade des Klosterstifts die perfekte Szenerie für Calderóns *Welttheater*. Im Sommer 1924 wurde es unter seiner Leitung von der Einsiedler Bevölkerung zum ersten Mal gespielt. Linus Birchler und Oskar Eberle liessen die Aufführungen in der romantisierenden Übersetzung Joseph von Eichendorffs zur Tradition werden. Erwin Kohlund, Hans Gerd Kübel und Dieter Bitterli inszenierten jeweils eigene Fassungen, hielten aber an Eichendorff fest. Für das Jahr 2000 schrieb ich auf Calderóns

Grundlage ein neues Stück, *Das Einsiedler Welttheater*. Regie führt Volker Hesse.

II

Vergangene Woche haben vierzig friedliche Kinderwagen ein Militärdepot erobert, und das kam so. Im dritten Bild des neuen Welttheaters verliert Hermosura (die Schönheit) ihr neugeborenes Kind. Sie stürzt in eine abgrundtiefe Verzweiflung... und für mich begannen die Probleme. Wie kann ich die Trauer dieser jungen Frau glaubwürdig darstellen? Sicher, ich kann sie reden lassen, ich kann sie heulen lassen, aber der Einsiedler Klosterplatz ist eine Bühne von gewaltigen Ausmassen, und die Trauer einer Mutter geht eher nach innen, in die Stille. Ein glatter Widerspruch! Hermosuras Trauer, musste ich befürchten, könnte von der Platzgrösse erschlagen werden. Der Spielort ist ja wunderbar – doch hat er gewisse Tücken. Was eine Figur fühlt, sollte sie nicht nur in Worten mitteilen, es braucht immer auch eine Szene, die das Innere der Figur nach aussen holt, auf den Platz. Im zweiten Bild, da sich die Figuren in einem heiteren Frühling verlieben, ist das einfach zu lösen – die Liebe liebt es, sich nach aussen kundzutun, Pärchen gehen Hand in Hand, sie umarmen und küssen sich, da merkt jedes Kind, was in den Herzen vorgeht. Aber wie zeigt, wie *äussert* sich die stille Trauer einer jungen Mutter über den Tod ihres Neugeborenen? Ich vermochte diese Frage nicht zu beantworten – ich fand für mein Problem keine Lösung. Also ging ich zum Hamburger-Stand am Klosterplatz und sah dann, eine Cola trinkend, ratlos dem grossen Kommen und Gehen zu. Dabei dachte ich unentwegt an meine Hermosura und an unser Kind, das in seiner ersten Lebensminute alt genug war für den Tod. Die Verwandlung ist das wahre Geheimnis des Theaters. Auch der Autor, wie später die Schauspielerin, muss sich in seine Figur verwandeln. In diesem Fall war ich also Hermosura... und was passiert? Auf einmal sah ich überall Mütter mit Kindern. Ja, ich, die trauernde Mutter, war von Müttern und Kindern geradezu umwimmelt, umsaust, umplärrt! Damit hatte ich die Lösung gefunden. Im neuen Welttheater wird die trauernde Hermosura auf dem Klosterplatz in ein Kinderwagen-Ballett geraten, in einen fröhlichen Tanz junger Mütter mit Kinderwagen. Das heisst: Hermosuras Trauer soll mit dem Glück eines gebärtüchtigen Dorfes konfrontiert und dadurch sichtbar werden. Nun stellte sich allerdings die Frage, wo wir während der Spielzeit vierzig Kinderwagen unterbringen konnten. Oben in Kloster, schlug einer im Vorstand der Welttheater Gesellschaft vor. Einen leeren Raum hätten wir dort bestimmt gefunden. Aber war das Kloster der richtige Ort für vierzig Kinderwagen? Da gab es dann doch gewisse Bedenken, und nach längerer Diskussion hatte unser Präsident die gute Idee, die Militärverwaltung in Schwyz anzufragen. Die öffnete uns ein altes Depot, und so nehmen nun vierzig Kinderwagen jenen Platz ein, der früher Haubitzen und Kanonen gehörte. Das Geheimnis des Theaters ist die Verwandlung.

III

Ich wohne im Material, das ich gestalte. Ich erzähle Geschichten aus dem Dorf, Geschichten vom Klosterplatz, und ich freue mich, dass die Leute aus diesem Dorf ihre Geschichten spielen. Es sind einfache Geschichten. Zum Beispiel vom Pilgerhandel, der nicht mehr rentiert. Oder die Geschichte von Miseria, die keine Hiesige ist, eine Immigrantin, also fremd, also ausgesondert. Während ich daran arbeitete, setzte ich mich in einer Disco in die Jugo-Ecke. Es war verdammt schwierig, ein Bier zu bekommen – und hinterher war es verdammt einfach, für Miseria einen Monolog zu schreiben. Ich gestalte das Material, in dem ich wohne, und gelingt es, dieses Material in Theater zu verwandeln, so wird das Gewohnte ungewöhnlich. Die Trennung zwischen Ort und Bühne hebt sich auf, der Klosterplatz spielt im Welttheater den Klosterplatz, die Türme sind die Türme, die Uhren die Uhren. Ihre Schläge eröffnen und beenden jede Szene. Die Zeit bestimmt das Spiel. Die Glockenschläge werden dramatisch. Das ist das wahre Wunder der Verwandlung. Alles ist gleich, nichts hat sich verändert – und doch: das Gleiche ist anders. Die Realität verwandelt sich in Theater.

IV

Volker Hesse, der Regisseur, hatte in dieser Woche mit dem Berliner Senat um Millionen gepokert. Er kam vom Flughafen, wir trafen uns an der Klosterpforte, der heutige Termin, meinte Hesse, sei leicht zu bewältigen, ein kurzes Gespräch mit dem Kloster über das neue Welttheater. Kurz vor 17 Uhr trat auch Peter Kälin zu uns, der Präsident der Welttheater-Gesellschaft, sonst die Ruhe selbst, im Leben verwurzelt wie seine Tannenwälder, heute jedoch, vor der Pforte, war er seltsam nervös, trug einen Anzug, war frisch rasiert, sog hastig an einer Krummen, da bimmelt eine erste Glocke, Pater Othmar rauscht heraus, Vorstandsmitglied der Welttheater-Gesellschaft, und führt uns nach oben, in den Studiensaal der theologischen Lehranstalt, wo uns etwa vierzig Patres erwarten, eine gespannt schweigende, Ehrfurcht gebietende Runde. Jeder hat den Stücktext vor sich. Hesse stupft mich an. Du, flüstert er, die haben es alle gelesen. Ich schlucke. Das kann ja heiter werden. Schlag fünf betritt Abt Georg, der Gnädige Herr, den Raum, wir erheben uns, nehmen wieder Platz. Als erster spricht Präsident Kälin. Er nennt und erläutert die Gründe, warum die Gesellschaft das Risiko wagt, die Tradition des Welttheaters mit einem neuen Stück, basierend auf Calderón, fortzusetzen. Dann beginnt die Disputatio… und es kommt mir vor, als hätte mich eine Zeitmaschine in die Stiftsjahre zurückgeschleudert, in ein Examen am Ende des dritten Trimesters, man steht vor der Wandtafel, sucht nach Antworten, fühlt sich fallen, gibt nicht auf, redet sich heraus, und vor den offenen Fenstern glänzt über den Klosterdächern der schönste Sommerhimmel. Der Himmel ist grau, dünne Flocken sinken, jene Zeiten sind längst vergangen, in Anekdoten und Träumen verschwunden. Aber diese Gesichter! Aber diese Häupter! Ja, es sind dieselben wie früher, dieselben wie damals – würdig und weise Pater Roman, scharf blickend Pater Kassian, mit strenger Prüfermiene Pater Wolfgang, und als ich hilfesuchend zu Pater Gebhard blicke (er hat mich bei der Arbeit am Stück mit Material versorgt und klug und liebenswürdig beraten), zuckt in seinem Gesicht kein Augenlid, kein Mundwinkel. Lauter Geistesköpfe, erhaben wie ihr eigenes Denkmal, mit müden, alten Augen. Hesse, der noch am Tag zuvor den Berliner Senatoren gegenübersass, gewinnt seine Sicherheit zurück. Er erklärt, dass wir an die Stelle von Calderóns Gewissheiten Zweifel gesetzt hätten, an die Stelle seiner Antworten Fragen. Nur Fragen, fragt ein Geisteshaupt, es ist Pater Matthäus, und sein Ton macht klar, dass ihm unser Ansatz nicht behagt. Während des ganzen Spiels, erwidere ich ihm, sei eine Antwort stets präsent: die Klosterkirche, die Türme, die Uhren. Die Disputatio nimmt an Schärfe zu. Müsste das neue Stück, monieren einige der gelehrten Herren, neben all den Fragen nicht auch Sinn stiften? Nein, sagen Hesse und ich. Die andere Welt soll Geheimnis bleiben, eben: das *Andere,* das Unsichtbare, das, was über und hinter den Dingen liegt, *Meta*-Physik. Da sticht ein Finger vor. Und die Kreuz-Szene? ruft Pater Kassian mit der Stimme des triumphierenden Inquisitors. Ihr wollt den Heiland zeigen. Ihr holt ihn auf den Platz. Hürlimann duckt sich. Wird so klein wie damals, wie früher, als er in seiner Lederjacke vor der schwarzen Wandtafel stand, ein Emblem am Revers, make love not war, es war die Zeit des Vietnamkriegs ... Hürlimann, ist das Ihr Ernst? Ja, Pater Kassian, es ist unser Ernst. Im neuen Welttheater gibt es ein Zwischenspiel, an dessen Ende der Heiland am Kreuz hängt. »Eli eli / Lema sabachthani / Vatter Vatter lahmi / Nümme länger hange.« Zu seinen Füssen die Schwarze Mandonna. Sie spielt Schwyzerörgeli. Die Szene, sage ich jetzt, geht im Grunde genommen auf eine Karfreitags-Predigt von Pater Kassian zurück. Gemurmel der Erhabenen. Ich werde sicherer, wieder etwas grösser. In dieser Predigt, sage ich, habe Pater Kassian von einer magischen Begegnung gesprochen. Auf einer Wanderung in den Alpen sprang ihm plötzlich ein geschnitzter Christuskopf vom Wegkreuz in die Augen, in die Augen und tief in die Seele. Einfache Volkskunst. Unser Heiland. Wie reden wir mit ihm? In unserer Sprache. Wo hängt er? In unseren Stuben, über unseren Tischen, im gleichen Raum läuft der Fernseher, dudelt das Radio, schwimmen die Aquariumsfische, kommt und geht unser Leben. Im Mit-Leiden, sage ich, habe er, Kassian, in seiner Predigt gesagt, sei Christus den Menschen nah. Der Schmerzensmann. Einer von uns. Und das Schwyzerörgeli, warum ausgerechnet ein Schwyzerörgeli? Dass Pater Daniel, der grosse, an Bach und Hindemith geschulte Musiker, diese Frage stellt, kann ich nachvollziehen. Seine Kunst sucht die Transzendenz, will unsere Welt übersteigen, das Numinose erreichen. Pater Daniel baut musikalische Kirchen. Wir machen Theater. Wir, erklärt jetzt Hesse, zeigen einen Heiland, wie ihn Pater Kassian am Wegkreuz erfahren hat. Holzgeschnitzt. Schwyzerörgeli umduselt. Eine Provokation? Vielleicht, ja. Aber das Kreuz, füge ich an, *ist* eine Provokation. Sollte es zumindest sein. Gottes Sohn, sogar vom Vater verlassen. Muss man darüber nicht erschrecken? Da erhebt sich zu seiner imponierenden Grösse Pater Wolfgang und bringt mit seinen Eulenaugen die Runde zum Schweigen. Er hat einen Zettel in der Hand, Zitate aus dem Stück. Ob diese drastische Gassensprache auf unseren Platz gehört? Mitbrüder, ich gebe euch ein paar Muster... Was geschieht? Kaum zu glauben, die Ehrwürdigen lachen. Es ist der erste Lacher, den ich höre. Das Herz hüpft. Pater Wolfgang bringt ein zweites, ein drittes Zitat. Wieder Gelächter. Da winkt der Pater ab, muss ebenfalls grinsen, die Disputatio ist tatsächlich heiter geworden. Der Schnee fällt nun dichter, aus der Küche riecht es nach Essen. Die Examinierten werden ebenfalls an den Tisch geladen. Eine Suppe, geschwellte Kartoffeln, Käse und Rotwein. Ein grosser Dank. Abt Georg, der Gnädige Herr, hielt und hält seine Hand über das Stück, über seine Macher, über die Spielleute von Einsiedeln. Er versteht, dass wir die Szenen lebensprall auf den Platz bringen. Er findet es richtig, dass wir vor der barocken Front *unsere* Fragen stellen, unsere Zweifel nennen. Denn in seiner klugen Güte weiss der Gnädige Herr, dass es nicht jedem vergönnt ist, jene Antwort zu finden, für die er und seine Confratres ihr Leben geben. Punkt Sieben erhebt sich der Konvent zum Gebet. Pater Gebhard flüstert mir im Weggehen zu: Examen bestanden. Hesse, Kälin und ich gehen schweigend durch die nächtige Klausur und treten dann, unsere Kragen hochstülpend, hinaus in die sternenüberglänzte Winternacht.

V

Wohnen im Material. Ein paar Wochen nach der Disputatio begegnete meine Frau Pater Kassian, dem gestrengen Inquisitor. Sie fragt ihn, ob er im Welttheater mitspielen möchte. Spontan sagt er zu. Pater Kassian ist im neuen Welttheater *el Autor*. Im Zwischenspiel führt er eine Schauspieltruppe auf den Platz und bietet dem Abt und den Mönchen des Klosters eine Kreuzszene an. Unter dem Heiland steht die Schwarze Madonne. Sie spielt Schwyzerörgeli. So mischen sich Geschichten und Zeiten. So wird Erlebtes zu Theater und, wie ich hoffe, das Theater ein Erlebnis.

Willerzell, im Mai 2000

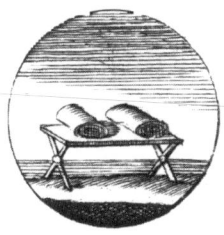

Zu den Emblemen

Die in Medaillons gefassten Embleme, die jeweils den einzelnen Spielabschnitten in unserem Buch voranstehen, entstammen einem am Ende des 17. Jahrhunderts und zu Beginn des 18. Jahrhunderts vielverbreiteten Kompendium von »Sinnbildern«, die im Bild wie im – mehrsprachigen – Text aufs Wesentliche reduziert für den Gebrauch weit über die Kenner und Spezialisten der schwierigen Kunst der Emblematik hinaus gedacht waren: eine Art Bilderhandbuch der wichtigsten Begriffe und Bedeutungen für sämtliche Bereiche und Bedürfnisse des Lebens. Erstmals wurde diese aus verschiedenen Emblembüchern zusammengestellte Anthologie (»tirées des plus celebres Auteurs«) mit lateinischen und französischen Titeln versehen durch Daniel de la Feuille in Amsterdam verlegt (1691). Durch Pallavicini (Amsterdam, 1696) erfuhr das Werk eine siebensprachige Bearbeitung. Und in Augsburg, dem Zentrum der Verbreitung solcher Druckerzeugnisse in Deutschland, wurde erstmals 1695 eine deutsch-lateinisch-französisch-italienische Ausgabe der 715 auf 51 Seiten abgedruckten »curieusten und ergötzlichsten Sinnbildern« publiziert. Das knappe, aber umfassende Handbuch von 715 Emblemen (»Sinnbildern«) belegt verbindlich die universale Verfügbarkeit von Bedeutungen in ihrer zwingenden Reduktion auf elementare Bilder, eine wahrhaft vernetzte, vielfältige, barocke Welt. Die französische Ausgabe von 1700 trägt nicht umsonst den anspruchsvollen, aber zutreffenden Titel eines »Essay d'un Dictionnaire contenant la connoissance du Monde, des sciences universelles, et particulierement celle des médaillons, des passions, des mœurs, des vertus et des vices &c.« Die Kenntnis der Welt und der – gesamten – universalen Wissenschaften wird hier angeboten. Vollständiger kann es nicht sein, ein Ganzes in 715 Brechungen, zu denen Jahreszeiten, Tyrannei oder Ehrgeiz genauso gehören wie Morgenröte, Mässigung und Erbarmen.

Werner Oechslin

Legende Emblemeta

S. 3 (28/14)
Ein Mann / so die Weltkugel trägt. SUSTINET NEC FASTIDIT. Je porte tout sans peine. *Porto tutto senza fastidio.* Er trägt ohne Verdruss.

S. 7 (14/8)
Ein aussgespanntes Tuch zum mahlen. AD OMNIA. A tout. *A tutto.* Zu allem.

S. 21 (46/1)
Ein Cupido machet Butter. CONCRESCIT AMOR MOTU. Emouvoir fait unir. *S'unisce Amor col moto.* Die Liebe wächset durch Bewegung.

S. 33 (24/5)
Ein umgehauenes Holtz und ein abgeschnittenes Korn. STAT SITA CUIQUE DIES. Nos jours sont comptez. *Son contati i nostri giorni.* Ein jedes Ding hat seine bestimmte Zeit.

S. 43 (36/6)
Ein Tod schlägt einen Cupidinem. DE MORTE AD AMOREM. De l'Amour à la Mort. *Dall' Amore alla Morte.* Von der Liebe zum Tod.

S. 55 (39/4)
Ein gepflügtes Feld / worauf die Saat anfahet aufzugehen. MORTE TUA VIVIS. Il faut que tu meures pour revivre. *Bisogna che tu muori per revivere.* Du wirst durch deinen Tod belebt.

S. 67 (15/10)
Ein Sonnen-Zeiger. TOT HORAS, QUOT VIRES. Je marquerai les heures selon ma force. *Misurerò l'hora a proportione.* So viel Stunden als Kräfften.

S. 77 (45/4)
Ein Schlang / die ihren Schwantz in das Maul stecket. FINISQUE AB ORIGINE PENDET. La fin depend du commencement. *Il fine pende dal principio.* End und Anfang hangen aneinander.

S. 97 (18/8)
Zwey zusammen gewickelte Stück Purpur auf einer Tafel. PURPURA JUXTA PURPUREM. Pourpre contre Pourpre. *Porpora appo la Porpora.* Purpur neben Purpur.

Die in Klammern angegebenen Zahlen beziehen sich auf die Originalvorlage.

Die Vorlagen für die Vignetten in unserem Buch stammen aus dem Exemplar der Stiftung *Bibliothek Werner Oechslin,* Einsiedeln: »Emblematische Gemüths-Vergnügung bey betrachtung 715 der curieusten und ergötzlichsten Sinnbildern mit ihren zuständigen Deutsch-Lateinisch-Französ- u. Italienische beyschriften.« Augsburg (Lorentz Kroniger und Gottlieb Göbels Seel. Erben), 1699. – Der Verlag dankt der Stiftung *Bibliothek Werner Oechslin* herzlich für die Hilfe bei der Beschaffung der Bildvorlagen.